キャリア教育に活きる!

センパイに
聞く

仕事ファイル

21

エコ
の仕事

再生可能エネルギー
電力会社広報
フードバンク職員
エシカル商品の企画
国立環境研究所研究員
リサイクル商品ブランディング
フェアトレード
コーディネーター

小峰書店

小峰書店 編集部 編著

㉑ エコの仕事

Contents

再生可能エネルギー電力会社広報

Renewable Energy Company PR

みんな電力
長島遼大さん
入社2年目 24歳

エコな電気を
選んで使う社会を
実現します

電気は、私たちの暮らしに欠かせないものです。しかし、発電方法によっては環境に悪い影響をあたえることが、問題になっています。環境に優しい方法で電気をつくる人を応援する「みんな電力」で働いている、長島遼大さんにお話をうかがいました。

Q 再生可能エネルギー電力会社広報とはどんな仕事ですか？

これまでの電気は、石油や石炭、天然ガスなどを燃やしてつくることがほとんどでした。しかし、それらの資源がなくなってしまったら、将来電気をつくることができなくなってしまいます。

そこで近年高い注目を集めているのが再生可能エネルギーです。再生可能エネルギーとは、太陽光や風、水などといった、自然が生み出すエネルギーのことです。豊富にあるこれらのエネルギーを使う太陽光発電、風力発電、水力発電などは、未来に渡って持続可能でエコな発電方法といえます。

ぼくの働いている「みんな電力」は、こうしたエコな電気をつくっている人と契約し、お客さんに電気を販売する電力会社です。お客さんは、みんな電力と契約している発電所のなかから、気に入った人の電気を選んで利用することができます。ぼくたちは、この仕組みを「顔の見える電力」と呼び、発電所と利用者をつないでいます。

ぼくがまかされている役割は広報です。テレビやラジオなどのメディアやSNS※を使って「顔の見える電力」をより多くの人に知ってもらえるアイデアを考えます。また、イベントも行います。人気があるのは、発電所の人と直接話せる、「発電所見学ツアー」です。太陽光パネルを牛舎の屋根に設置して、電気をつくっている牧場があるのですが、ここの見学では、しぼりたての牛乳でつくったアイスクリームを食べられる特典があります。

ほかにも、太陽光発電の電力だけを使って開催する野外音楽フェスに協力することもあります。こういった企画を考えるのもぼくの仕事です。

エコ電気の生産者と利用者をつなぐ、新しい企画を仲間と考える長島さん。

Q どんなところがやりがいなのですか？

信念をもって電気をつくる発電所の人と、電気を選んで使いたい人。その両者の思いをつなげられることに、やりがいを感じています。

忘れられないのは、ある発電所の人が「これまではどんな人が私たちの電気を使っているのかわからなかったけれど、みんな電力のおかげでそれが見えるようになり、人の温かみを感じられるようになった」と話してくれたことです。電気を通じて人と人のつながりを生むことができ、笑顔を生み出せることに感動しました。

また、利用者には、みんな電力の思いを伝える手書きのメッセージに、顔写真をそえて送っているのですが、これがとても好評です。イベントなどで会ったときに、喜んでもらえているのを知ると、やる気が出ますね。

社員から利用者に向けたメッセージ。「いっしょに新しい電力会社をつくりましょう」という気持ちをこめて書いている。

長島さんのある1日

10:00 出社。メールをチェックする
▼
10:30 イベントの企画会議
▼
12:00 ランチ
▼
13:00 発電所の人と新イベントの打ち合わせ
▼
15:00 大学で、再生可能エネルギーについての講義を行う
▼
17:30 会社にもどり、お客さんへの手紙やメールを書いて送る
▼
18:30 SNSで次のイベント情報を発信する
▼
19:00 退社

用語　※ SNS ⇒ ソーシャル・ネットワーキング・サービスの略。インターネット上で、人と人とが写真や文章などの情報をやりとりする。代表的なサービスに、Instagram、Twitter、LINE、TikTok がある。

Q 仕事をする上で、大事にしていることは何ですか？

「環境問題」とか「再生可能エネルギー」といった言葉が並ぶと、難しい仕事をしているように見えるかもしれません。しかし、実際にぼくがしているのは、みんなにどうしたら喜んでもらえるか考えることです。そのため、広報の企画を考えるときは、自分自身がワクワクできる企画かどうか、つねに問いかけるようにしています。

また、自分ができることを探し、積極的に行動することを心がけています。自分から動くことで、自分の役割が生まれ、まわりからも頼られる存在になると思うからです。

Q なぜこの仕事を目指したのですか？

2011年、中学3年生のときに東日本大震災がありました。地震の影響と原子力発電所の事故の影響で、福島県で多くの方が避難することになり、農業も漁業も大きなダメージを受けたことをニュースで知り、ぼくに何かできないかずっと考えていました。大学生になって福島県の農家にお手伝いに行く機会が訪れたとき、ぼくは迷わず参加しました。

農家の人に畑仕事のやり方を教えてもらいながら、作物づくりにかける思いをたくさん聞かせてもらいました。「原子力発電所から出た放射性物質によって、福島県の作物は汚染されている」といううわさと闘い、安全でおいしい作物をつくり続ける農家の人の思いが、ぼくにもよく伝わってきました。

最後に農家の人は、畑でとれた野菜でぼくたちにごちそうをつくってくれたのですが、その食事は本当においしく感じました。純粋に野菜の味がおいしかったのはまちがいありません。しかし、それ以上のおいしさをぼくは感じ、なぜだろうと考えました。そして、生産者の思いを知った上で食べたからだと気づいたんです。

東日本大震災を経験して以降、ぼくは電気の大切さを感じるようになりました。農家の人が、安心して食べられる作物を、思いをこめてつくっているのと同じように、環境によい電気をつくっている人がいます。どんな人たちが、どんな思いで電気をつくっているかが伝われば、もっとみんなが電気を大切に使うようになると思ったんです。そして「みんな電力」の存在を知り、入社を決めました。

Q 今までにどんな仕事をしましたか？

社会のためになることを仕事にしたいという強い思いがある就職活動中の学生に、みんな電力のお客さんである企業を紹介するイベントを開きました。みんな電力から電気を購入するお客さんは、エコに関心のある人ばかりです。なかでも、毎日使う電気にもエコを取り入れようとする企業は、社会貢献の意識が高い企業でもあるため、学生の思いとぴったり合うと思ったんです。

企業の人と学生が直接話し合う時間を設け、企業の人には、学生に具体的な仕事の内容を包み隠さず話してもらいました。学生からは「自分のやりたい社会貢献を仕事にしている企業がみつかった」、「ふつうの企業説明会では聞けない話が聞けた」といった声が多く聞かれました。また、参加した企業からも「期待通りの学生を採用できた」、「企業のことをよく理解してもらえた」と好評でした。

就職活動中の学生にエコ電気について話す長島さん。

Tシャツ　手帳

PICKUP ITEM

Tシャツは、ファッションブランドUNDERCOVERとのコラボレーション※商品。「電気を選ぶのはあなた」というメッセージが書かれている。手帳には、仕事の予定に加え、その日あった出来事や、今後の目標などを書きこんでいる。

用語　※コラボレーション ⇒ ちがう分野の人や団体が協力して、商品の開発や共同研究などを行うこと。

Q 仕事をする上で、難しいと感じる部分はどこですか?

「エコな電気を選ぶことで社会貢献につながる」ということを知ってもらうのが難しいです。電気には、味も、においも、かたちもありません。そのため、どれを買っても同じように思えてしまい、「電気を選ぶ」ということにさえ関心をもってもらえないのです。

そこで、まずは毎月支払う電気代に興味をもってもらうために、ラジオ番組のなかで、「電気代ビンゴ」という企画を行っています。自分の家の電気料金の数字と、こちらが発表する番号が一致したら、抽選で賞金をプレゼントするという企画です。

選ぶ電気によって金額がちがうことに気がついた人が、その理由に興味をもってくれたときこそ、電気を選ぶことの重要性を伝えるチャンスだと思っています。

Q これからどんな仕事をしていきたいですか?

電気を通じて、電気以外のところでも、日本中に顔の見えるつながりを広げていくのが目標です。

例えば、みんな電力が契約している発電所のなかには、畑の上に太陽光パネルを設置し、作物と電気を同時につくるという新しい農業をしている人もいます。そうした発電所と、電気の利用者をつなぎ、「食」にまつわるところでも新たな輪をつくりたいです。

また、利用者が、発電所のある場所を「第2のふるさと」と思えるように、生産者と直接ふれあえるイベントをもっと開いていきたいです。発電所の多くは、人口が減り、産業の衰退に悩む地方にあります。そうした地方を、第2のふるさとと思う人が増えれば、活性化につながるのではないかと思っています。

Q ふだんの生活で気をつけていることはありますか?

うそをつかないこと、人の話をしっかり聞くことを心がけています。このふたつは、相手から信用してもらうために大切なことだと思うからです。

人は、信用できない相手と友だちになろうとは思いませんし、仕事を頼みたいとは思いません。「きみになら安心して私のつくった電気の販売をまかせられるよ」と言ってもらえるように、ふだんから誠実さを忘れずに過ごすことを心がけています。

壁全体がコンセントでできている会社の入り口。「使っているのはもちろん、エコ電気です!」

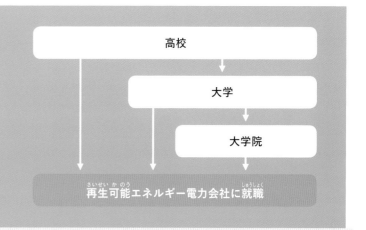

再生可能エネルギー電力会社で働くには……

地球温暖化が問題となっている今、電力会社は再生可能エネルギーに注目しています。そのため、再生可能エネルギーについての知識をもつ人が求められています。この分野は、大学の環境学部や物理学部、農学部などの理系学部で学ぶことができるので、高校卒業後はそうした方面への進学の道を選ぶとよいでしょう。

| 高校 |
| 大学 |
| 大学院 |
| 再生可能エネルギー電力会社に就職 |

※ この本では、大学に短期大学もふくめています。

Q この仕事をするには どんな力が必要ですか？

当たり前にあるものや、当たり前にやっていることに問題意識をもち、もっとよくするための方法を考えて行動できる力が必要だと思います。

これまで電気は、石油や石炭、天然ガスといった限りある資源を使ってつくるのが当たり前でした。電気を使う人たちも、そうしてつくられた電気を使うのが当たり前だと思っていました。しかし、資源が減り、地球温暖化が進んでしまった今、この考え方を変えなければいけません。

みんな電力は、電気のつくり方や供給方法を見直し、社会の意識を変えることに取り組んでいる会社です。働くぼくたちも、社会の問題に関心をもち、よりよくしたいと思う気持ちが大切だと思っています。そして、人に言ったら笑われてしまうくらい大きな夢や野望をもっている人にこそ向いている仕事だと思います。

Q 中学生のとき、どんな子どもでしたか？

本を読むことが好きだったので、数学のようにひとつの正しい答えがある教科よりも、人によって答えのちがう教科が得意でした。とくに国語では、登場人物の心情を読み解いていくことにおもしろさを感じていました。優秀な生徒だったわけではありませんが、宿題はきちんとやって、勉強も補習にならないように気をつけていました。

勉強よりも夢中になっていたのがサッカーです。強い学校ではなかったので「自分の力で強くしたい」と思い、真剣に取り組みました。キャプテンをしていたので、みんながやる気を起こすように、盛り上げる方法なども考えました。

顧問の先生もとてもよい先生で、本気でぼくたちと向き合ってくれました。練習後に「チームを強くするにはどうしたらいいか」といった話を、何時間もかけて話し合ったこともあります。とても信頼できる先生だったので、個人的に進路の相談をしたこともありましたね。

長島さんの夢ルート

小学校 ▶ プロサッカー選手

サッカーが好きで、
プロサッカー選手にあこがれていた。

▼

中学校 ▶ 学校の教師

生徒と本気で向き合ってくれる
先生と出会い、自分も教師になりたいと思った。

▼

高校 ▶ NPO法人※や国連の職員

先生から人のために働くことの大切さを聞き、
人のためになる仕事に興味をもった。

▼

大学 ▶ 社会を変えられる仕事

環境についてのNPO法人に参加して
社会への問題意識をもった。

中学生のときに読んでいちばん印象に残っているのは『ブレイブ・ストーリー』。主人公の冒険に夢中になった。

中学3年生には、キャプテンナンバー「10」を背負うまでになった長島さん。その後もますますサッカーにのめりこみ、大学生まで続けた。

用語　※ NPO法人 ⇒利益を求めずに、社会問題に取り組む民間の組織のこと。

Q 中学のときの職場体験は、どこに行きましたか？

職場体験というのはありませんでしたが、キリスト教系の学校だったため礼拝の時間があり、そのときにいろいろな仕事の話を聞く機会がありました。そのほか、月に一度、学校外の方が来て、講演を行っていました。

Q 講演を聞いてどんな印象をもちましたか？

自分の活動について生き生きと話す大人の姿がとても新鮮に見えました。そして、ぼくも将来、この人たちのように誇りをもって話せる仕事をしたいと思ったのを覚えています。また、海外で活躍している人が話をしてくれる機会もあり、そのときは、「日本以外の国で働くという選択もあるのか」と、視野が広がりました。

ぼく自身は職場体験をしませんでしたが、大学卒業後、今の会社に入る前に中学生の職場体験をお手伝いする機会がありました。伝統工芸品の紙すきや機織りにたずさわる職人さんのところに体験にくる生徒さんをサポートする役目です。ぼくも職場体験しているような気分を味わい、ふつうに生活していたら出会えない人と接することができるのは、とても価値のあることだなと思いました。

Q この仕事を目指すなら、今、何をすればいいですか？

自分がふだん使っているものや食べているものが、どのような工程を経て手もとに届いているのか、意識して調べてみてください。きっと、つくっている人の思いや苦労がわかるはずです。また、経済の仕組みを学ぶことができ、本当によいものを選ぶ力も身につくと思います。

そして今自分が好きだと思うことを追求して、真剣に向き合っておいてください。そうすれば、自分の人生が豊かになっていくと思います。今の社会は流れが速く、今日正しいことが明日も正しいとは限りません。自分の好きなことを続け、社会の変化にとまどわずに生きていってほしいです。

信念をもって
電気をつくる人
自分が使う電気を選ぶ人
みんなの思いをつなげます

－ 今できること －

ふだんの暮らし

まずは身近な電気がどうやって発電されているか興味をもってみましょう。自分の家がどこの電力会社と契約しているか調べてみて、その会社がどのように発電しているかWEBサイトで確認してみてください。

また、再生可能エネルギーに興味をもつことも大切です。学校、公立図書館、市役所には太陽光パネルが設置されていることがあります。今どのくらい発電されているか、目に見える方法で表示している場所もあるので、身近な施設を見てみましょう。

国語

広報は、環境に配慮した電気をつくっている人たちの思いを広く伝えるのが仕事です。相手の気持ちを尊重して理解する大切さを学び、会話する力をつけましょう。

社会

日本は、発電による二酸化炭素の排出量が多い国のひとつです。新聞を読んで、世界でどのように環境問題について話し合われているか知りましょう。

理科

理科で習う内容は、発電の仕組みを理解するための基礎となります。とくにエネルギー資源の利用方法や科学技術と生活との関わりについて学ぶことが大切です。

技術

現代の生活が環境にあたえる影響を知り、環境に配慮した生活を送る工夫と、技術力を身につけましょう。

フードバンク職員

Food Bank Staff

セカンドハーベスト・ジャパン

小室貴司さん
入社2年目 25歳

食品ロスを減らし
食べ物が必要な人たちに
届ける活動をしています

日本では、毎日、大量の食料品がまだ食べられるのに捨てられています。一方で、その日の食事にも困っている人がたくさんいます。このふたつの問題に取り組むため、セカンドハーベスト・ジャパンで活動する、小室貴司さんにお話をうかがいました。

Q フードバンク職員とはどんな仕事ですか？

まだ十分食べられるのに、さまざまな理由で販売できずに捨てられてしまうことを「食品ロス」といいます。フードバンクは、こうした食品ロスとなってしまう食料品を、個人や食料品会社などから引き取り、食料品が買えずに困っている人に提供する機関です。

ぼくが働くセカンドハーベスト・ジャパンも、フードバンク活動を行っている認定NPO法人です。食料品のパッケージがきれいに印刷できていなかったり、つくりすぎてあまってしまったりした食料品を食品加工工場やスーパー、農家などから送ってもらい、必要なところへ届けます。

提供の方法にはいくつかあります。「ハーベストキッチン」でつくった温かい食事を配ったり、福祉施設に食料品を送ったりなどです。ぼくは、「フードパントリー」と呼ばれる食品を配布する場所で個人の利用者たちに食品を提供したり、とりに来られない人のところへ食品を宅配便で送ったりしています。

また、自治体と連携して生活が苦しい人たちに食料品を届ける方法を考えたり、さまざまな企業に食料品の提供を求めたりしています。協力してくれるボランティアの人たちをまとめたり、フードパントリーをより便利に利用できるように改善したりするのもぼくの仕事です。毎日いそがしいですが、充実しています。

フードパントリーに届いた個人の支援者からの食料品を運ぶ。

利用者が選びやすいように、種類ごとに整理して棚に並べる。

Q どんなところがやりがいなのですか？

活動をサポートしてくれるボランティアの人や、フードパントリーの利用者、行政機関の職員など、国籍、年齢、職業をこえて、さまざまな人と接することができるところです。

例えば、ボランティアには、大学生や主婦、社会人、仕事を定年退職した人など、はば広い世代が参加しています。また、利用者には、国を離れ日本に来た難民の家族、生活保護受給者、ひとり暮らしのお年寄り、シングルマザーなど、さまざまな立場の人がいます。

自分とはちがう価値観をもっている人や、いろいろな経験を積んできた人たちと話ができるのは、とても興味深いことです。それぞれの考えを知ることで視野が広がり、前よりいろいろな考え方ができるようになりました。

新しいフードパントリー「marugohan」で利用者と話す小室さん。利用者は、ボランティアなどの社会貢献活動をすることで食品を受け取ることができる。

小室さんのある1日

10:00	出社。メールをチェックする
10:30	食料品が届くフードパントリーで食料品の仕分けと、発送準備
12:30	ランチ
13:30	食料品の発送
14:00	利用者対応。フードパントリーに来た人に利用方法の説明などをする
16:00	事務所にもどり、デスク仕事。フードパントリーを増やすための方法や、食品をより充実させるための方法を考えて、会社に出す企画書をつくる
18:30	退社

Q 仕事をする上で、大事にしていることは何ですか？

上司から、「これをやって」と言われたとき、何も考えずにそのままやるのではなく、一度自分でやる意味を考えてから行うようにしています。その仕事の目的がわかれば、より効率的なやり方で、言われたこと以上の結果で応えられるかもしれないからです。

仕事の目的が理解できないときは、上司に自分の意見を伝え、納得するまで話し合うようにしています。おたがいに「利用者のために、よりよくしたい」という気持ちをもった上での議論なので、とてもよい話し合いができます。自主性をもって仕事に取り組むためには、納得できるかどうかが大事だと思います。

Q なぜこの仕事を目指したのですか？

大学時代に、ホームレスの問題について勉強する機会がありました。研究を進めるうちに、自分がいかにめぐまれた生活をしているのか、まずはきちんと理解したいと思うようになったんです。そこで大学3年生のとき、1年間の休学届を出し、ホームレス生活を行いました。

路上での暮らしは想像以上につらく、何度もやめたいと思いました。しかし、真夏の暑い日も、真冬のこごえるように寒い日も、一度も家に帰らずに、公共施設や公園で生活し、1年間過ごしました。

このホームレス生活のときに、食事の無料提供がどのような仕組みで運営されているのかを調べ、セカンドハーベスト・ジャパンの存在を知りました。

セカンドハーベスト・ジャパンについてもっとよく知りたいと思ったぼくは、大学に復学後、さっそく事務所を訪ね、ボランティアとして活動に参加することにしました。

日本では、まだ食べることができるのに捨てられてしまう食料品がたくさんあります。一方で、その日の食べ物に困っている人がいます。ボランティア活動を行うなかで、セカンドハーベスト・ジャパンの「すべての人に、食べ物を。」という理念に共感していきました。

その後、アルバイトを経て、本格的にここで働きたいと思うようになったぼくは、大学を卒業すると同時に正式に職員となりました。

Q 今までにどんな仕事をしましたか？

神奈川県大和市で、フードパントリーを開設するための準備にたずさわりました。食料を提供してもらう企業と打ち合わせをしたり、生活が苦しい人たちにどうやって食料品を届けていくかという方法を自治体と話し合ったりしました。

また、ぼくたちの活動を知ってもらうために、地域にチラシを配ることもしました。現在も週に1度は現地へ行き、より多くの方が利用しやすいフードパントリーになるよう、サポートを続けています。ぼくはセカンドハーベスト・ジャパンの正式な職員になって、まだ約1年しか経っていないので、たいした実績はありません。しかし、アルバイト時代から、利用者の方の対応をしたり、上司の手伝いをしたりしていたので、職員になってからも、組織の一員としてすぐに活動をスタートすることができ、とてもよかったと思います。

食品会社や、販売店などから送られてくる食料品を、管理する倉庫。ここから、各福祉施設やフードパントリーに必要な分が配送されている。

寄贈申込書

PICKUP ITEM

寄贈申込書は、セカンドハーベスト・ジャパンに、食料品を送る人が出す書類で、WEBサイトからダウンロードできる。届いた食料品は、種類ごとに分け、重さをはかりで量って、利用者に送る。

はかり

Q　仕事をする上で、難しいと感じる部分はどこですか？

　ちがう意見をどう調整し、おたがいが納得する方向にもっていくか、という部分に難しさを感じます。

　例えば、ぼくは、セカンドハーベスト・ジャパンの最優先事項は、フードパントリーを増やすことだと思っています。フードパントリーが増えれば、より多くの人が、必要なときに、自分の住まいの近くで食料品を受け取ることができるからです。

　けれど、「フードパントリーを増やすことも大切だが、まずは、今ある場所をもっと充実させることで、利用者を増やすべきだ」という考え方もあります。フードパントリーを増やすのは、多くの時間と多くの人の協力が必要で、とても難しいことだからです。判断が分かれたとき、よりよい方法を探るのは難しいですが、議論を重ねることが解決につながると思っています。

Q　ふだんの生活で気をつけていることはありますか？

　屋根のあるところで寝られること、食事ができること、働けることなど、日々の当たり前に感謝することです。今ある自分の生活は、けっして当たり前じゃないということを、ホームレス生活で実感しました。

　また、知的好奇心をもつことも大切にしています。休みの日には、思想や宗教など、仕事とは直接関係のない、さまざまなジャンルの本をたくさん読んでいます。

Q　これからどんな仕事をしていきたいですか？

　「すべての人に、食べ物を。」というセカンドハーベスト・ジャパンの理念をもっと多くの人に伝えていきたいです。

　また、企業や行政、福祉施設などと連携して、フードパントリーの活動を充実させ、さらに新たなフードパントリーの開設にも力を入れ、だれもが困ったときに食べ物を口にできる安心感のある社会をつくっていきたいと考えています。

事務所にあるデスク。企業や行政に活動協力を求めるときの提案書などは、ここで作成している。

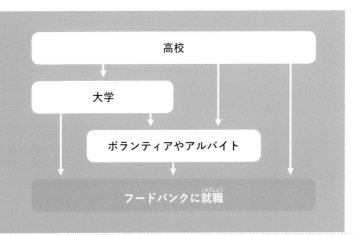

セカンドハーベスト・ジャパンをまとめている理事長のマクジルトン・チャールズさんと小室さん。

フードバンクで働くには……

　フードバンクは、社会問題に関心の高い人が多く働く職場です。なかでも貧困や食料廃棄などへの問題意識が、新たなフードバンク活動を生み出す原動力となります。高校や大学で日本がかかえるさまざまな問題を学び、基礎知識を身につけておくと、入社してから役に立つでしょう。ボランティアやアルバイト活動から正式な職員に採用される場合もあるようです。

```
高校
 │
 ▼
大学
 │
 ▼
ボランティアやアルバイト
 │
 ▼
フードバンクに就職
```

Q この仕事をするには どんな力が必要ですか？

セカンドハーベスト・ジャパンは、日本初のフードバンクで20年の歴史をもつといっても、まだ成長過程にある組織です。そのため、自分で考えて自分で動き、自分で問題を見つけて解決していく力が必要です。

また、解決のためには、たくさんの人の協力が必要です。協力を得るためにはコミュニケーションをとり、信頼関係を築く力も必要だと思います。

小学校の先生が、学校で集めた食料品を届けに来た。支援の輪は確実に広がっている。

小室さんの夢ルート

小学校 ▶ とくになし

何かになりたいとは思わず、働きたいともまったく思わなかった。

▼

中学校・高校 ▶ とくになし

自由に生きたいという気持ちから自給自足で暮らしてみたいと思った。

▼

大学 ▶ とくになし

言われて動く働き方ではなく、納得して自ら動く働き方を探していた。
地域社会と個人の関わり方を学ぶ一環として
ホームレス生活を体験してみたことで食糧問題について考えるようになった。

Q 中学生のとき、 どんな子どもでしたか？

何かを人から強制されることが苦手な子どもで、いつも自分の好きなように生きていたいと思っていました。塾に行かされても、あれこれ強制されるのがストレスになり、すぐに辞めました。家ではマンガや本をよく読んでいましたね。

進路についても、「こんな職業に就きたい」という具体的な夢は、まったくありませんでした。ただ、「やらされている感じがなく、自分の意志であらゆる選択ができる生き方をしていきたい」と漠然と思っていました。無人島で自給自足をして暮らすことにもあこがれていました。

そんななかで、唯一、3年間続けたのは野球部の活動です。もともと体を動かすことが好きで、小学校のときから野球をやっていたので、なんとなく中学校でも続けました。だれかに強制されて入ったわけではないですが、練習に熱中することもなく、地元の大会で優勝したときも、あまり感動できませんでした。今は、なんとなく行動してはだめなんだ、もっと意欲的に行動すべきだったと思い、反省しています。

大会で優勝したときの写真。中学時代の得意科目は体育だった小室さん。運動神経には自信があった。

野球部で使っていたグローブと軟式野球ボール。

当時好きだったマンガは『HUNTER × HUNTER』。主人公たちの成長物語に夢中になって読んでいた。

Q 中学のときの職場体験は、どこに行きましたか？

学校の授業や勉強にあまり興味がもてなかったせいか、職場体験の記憶がまったくありません。ただ、ぼくの両親はともに自営業で、自宅を仕事場にしていたので、働く姿をいつも見ていました。会社に雇われるのではなく、自分自身でお金を稼ぐということが身近にありました。それで、中学3年生のときに手作りアクセサリーをまわりの人に販売する体験をしてみました。

Q アクセサリーの販売ではどんな印象をもちましたか？

ぼくがつくっていたのは、ブレスレットなのですが、初めは自分がつけるためにつくっていました。でも、まわりの友だちに「そのブレスレット、いいね」、「売ってほしい」と言われたことをきっかけに、材料を仕入れて自宅で製作し、みんなに販売するようになったんです。

手渡しできる範囲でしか販売はしていませんでしたが口伝えで広まり、月に数万円をかせぐことができました。この経験から、アイデアがお金になることや、お金は自分で生み出すことができることを体感しました。

Q この仕事を目指すなら、今、何をすればいいですか？

「人から強制されるのではなく、自発的に働きたい」とずっと思っていたぼくが、「これをした方がよい」と言うのはちがうかもしれません。

しかし、ひとつ言えるのは、自分の気持ちに素直になって、興味のあることや関心のあることには没頭した方がよいです。ぼくは、中学・高校時代は勉強にまったく興味がもてませんでした。しかし、自らの意志で大学に入ってからは、学ぶことがどんどん楽しくなり、今の仕事にめぐり合いました。

どんな仕事を目指すにしても、選んだ道に後悔しないような生き方をしてほしいです。

食べ物のことで悩まずに安心して暮らせる社会を実現させたい

－ 今できること －

ふだんの暮らし

フードバンク活動は、各地域で広まっています。住んでいる地域で同じような活動をしている団体がないか調べ、可能であれば、ボランティアなどで参加してみるとよいでしょう。ボランティア活動は、相手の求めることを考え、自ら積極的に行動しなければいけません。自分で考えて行動する習慣を身につけましょう。勉強でも部活でも、だれかの指示を待つのではなく、目標をもち、目標達成のために何をすべきか考えてみると、次の行動が見えてくるはずです。

国語
フードバンクの利用者は、苦しい立場に立たされている人がたくさんいます。なかには、難民として日本に来ている人もいます。文化や立場のちがいをふまえ、相手の立場を尊重して話す力を身につけましょう。

社会
食品ロスの問題を取り上げた新聞記事や、ニュースに注目しましょう。食品ロスが起こる理由は、ひとつではありません。学校でも、政治・経済をよく学んで、この問題がどうして起こるのか考えてみましょう。

英語
フードバンク利用者の難民のなかには、言葉が通じず、不安を感じている人もたくさんいます。安心してサポートを受けてもらうためにも、英語力は必要です。

エシカル商品の企画

Ethical Products Plannner

山櫻
野村まりもさん
入社3年目 26歳

> エシカルな紙で
> 人にも環境にも優しい
> 商品をつくります

本やノートなど、身のまわりにはさまざまな紙製品がありますが、どうやってつくられているか、考えたことはありますか。エシカルな紙での商品づくりに取り組む山櫻で、商品の企画を担当している、野村まりもさんにお話をうかがいました。

Q エシカル商品の企画とはどんな仕事ですか？

エシカルとは、「倫理的な」という意味をもつ言葉です。人と社会、地球環境、地域のことを考えてつくられた商品を「エシカル商品」といいます。私が働く山櫻は、エシカルな紙を使って名刺や封筒、ハガキといったエシカル商品をつくり、販売している会社です。

一般的に、紙は木からできています。そのため大量に紙をつくろうとすると、たくさんの木が必要となり、森林が失われてしまいます。森林は、異常気象を引き起こす地球温暖化のおもな原因である、二酸化炭素を吸収してくれる役割がありますが、伐採などによって減り続けていることが、今大きな問題となっています。森林をこわさずに、環境に配慮してつくられた紙であること。これが私たちの使っているエシカルな紙の条件のひとつです。

具体的には、バナナの茎から繊維を取り出してつくる「バナナペーパー」や、環境のことを考えて適切に管理された森林の木からつくる「森林認証紙」などで、全部で8種類あります。

私が行っている仕事は、企業向けに名刺や封筒、ハガキ、カード、手さげぶくろなどの新しい商品を企画したり、今ある商品を、エシカルな紙でつくり直したりすることです。

例えば新商品を企画する場合、どんなエシカルな方法でつくられた紙を使うのかをまず考えます。そのなかから、商品に合った手ざわり、色、かたさの紙を選び、商品にします。

名刺や封筒は、もともとサイズが決まっているので、かたちや大きさを変えることはできません。しかし、「エシカルな商品を使っている」という社会貢献の意識を感じてもらえるデザインや商品名を考えながら、より使いやすく、より環境に配慮した商品になるように心がけています。

次につくる商品のデザインを考える野村さん。使う紙の特徴を活かした商品になるようにアイデアを練る。

Q どんなところがやりがいなのですか？

自分の仕事が、環境に優しい社会をつくるのに役立っているということに、大きなやりがいを感じています。

私が自然や環境に初めて興味をもったのは、小学校のときの授業です。自分たちの住む街の未来を考えたり、地域の緑化について調べたりする機会がありました。街の人へのインタビューやレポート発表などを通して、環境への意識が高まり、関心をもつようになりました。

日本ではまだ、エシカルという言葉の意味を知らない人がたくさんいます。私がつくる商品によって、より多くの人にエシカル商品の存在を知ってもらえることが、この仕事のもうひとつのやりがいです。

山櫻があつかっているエシカルな紙の見本や、宣伝用のチラシを整理する野村さん。

野村さんのある1日

08:40	出社
08:50	朝礼
09:00	資料作成。新商品の企画書をつくる
11:00	ミーティング。新商品の企画書を発表して、ほかの人の意見を聞く
12:30	ランチ
13:30	購入者からの商品についての問い合わせに対応する
15:00	製作途中の商品パッケージの文字にまちがいがないか確認する
17:30	明日の仕事内容を確認して、退社

Q 仕事をする上で、大事にしていることは何ですか?

　仕事の進み具合や今後の予定など、スケジュール管理を、日にちや時間ごとに記録することです。ひとつの商品ができあがるまでには、いくつもの作業工程があり、完成までに何か月もかかります。しかも、同時にいくつもの商品をつくるため、どの商品の作業がどれだけ進んでいるか、分かっていなければなりません。しかし、スケジュール管理が苦手な私は、いつやった作業なのか、次に何をやればよいのかなどがわからなくなり、困ったことがありました。それからは手帳に、優先してやることや、忘れてはいけないことなどを書いて、スムーズに仕事ができるように心がけています。おかげで、前のような失敗はなくなりました。

Q なぜこの仕事を目指したのですか?

　就職活動で会社を選ぶとき、多くの人は、どんな職業に就きたいかといった仕事の種類で選んでいると思います。しかし、私はどの会社が、環境問題にもっとも真剣に向き合って仕事をしているか、どんな取り組みをしているかに注目して選びました。

　会社によっては、メインの仕事とは別に、植林活動をしていたり、海外支援をしたりしているところもあります。しかし、メインの仕事に環境保護を取り入れているところは、それほど多くありません。

　そんななかで、「SDGs※の実現」を真剣に考えている山櫻に目が留まりました。SDGsには、地球・人間とその繁栄のためにずっと続けられる開発や生産目標などがあります。

　例えば、バナナペーパーは、アフリカのザンビアで、これまでただ捨てられるだけだったバナナの茎からつくられています。そのため、環境によいのはもちろんですが、加えて、仕事がなく、生活するお金がなくて困っている人が多いザンビアに、「バナナペーパーづくり」という雇用を生み出しました。つまり、バナナペーパーでつくった商品の販売は、環境に優しく、生産者のためにも、購入者のためにもなり、仕事としても成り立つのです。

　「この会社で働いて、環境保護や社会貢献をしたい」。会社について、調べれば調べるほどその思いは強くなり、入社を決意しました。

Q 今までにどんな仕事をしましたか?

　入社してすぐは、商品を購入したお客さんからの問い合わせ対応をしたり、イベントで受付対応や商品紹介をしたりする仕事にたずさわりました。

　商品の企画をまかされるようになったのは、入社して2年目からです。担当した商品のなかで印象に残っているのは、太陽光発電や風力発電など、再生可能エネルギーからつくられた「グリーン電力」によって生産される紙を使った名刺です。まずはどんな方法でつくられたグリーン電力を使うのかを決めて、それから開発にとりかかりました。

　名刺が完成した後も、宣伝用のチラシづくりや営業用の資料づくりをして、名刺にこめられた思いが伝わるように努力しました。たった1枚の名刺でも、製造方法からSDGsにとことんこだわる、この仕事の醍醐味を学ぶことができました。

先輩にアドバイスをもらいながら、新しい商品のアイデアを考える野村さん。

● 手帳

PICKUP ITEM

その日にやるべきことや、忘れてはいけないことを書いた手帳。仕事で失敗してしまったとき、先輩から手帳に記録を残すようにアドバイスされて、書くようになった。宣伝用チラシは、野村さんがたずさわったグリーン電力名刺のもの。このチラシづくりも担当した。

● 宣伝用チラシ

用語　※SDGs⇒世界共通の目標として決められた「持続可能な開発目標」のこと。「貧困をなくそう」、「すべての人に健康と福祉を」、「つくる責任つかう責任」など17の大きな目標をかかげ、そのためにやるべき169の具体的な目標があげられている。

Q 仕事をする上で、難しいと感じる部分はどこですか？

環境に関する専門用語は、森林認証制度やSDGs、エシカルなど以外にもたくさんあります。それぞれがもつ意味を理解して覚えるのが大変です。

とくに会社に入りたてのころは、会議ではもちろん、ふだんのちょっとした会話のときにも、自分の知らない言葉がたくさん出てきて苦労しました。最近はずいぶんわかるようになってきましたが、それでも勉強は欠かせません。初めて聞く言葉を耳にしたときは、すぐにメモをして、後で意味を調べるようにしています。どうしても意味が理解できないときは、先輩にくわしく教えてもらっています。

環境に関する専門用語は、今後も増えていくと思うので、ついていけるようにがんばりたいです。

会社で出たごみを捨てるときは、会社のごみ分別ルールを確認。

紙の色や種類によって、リサイクルの方法も変わるため、分別して捨てる。

Q ふだんの生活で気をつけていることはありますか？

会社にいるときだけでなく、家にいるときも、できる範囲でエシカルな生活を心がけています。

例えば、ごみの分別には気をつけています。「容器」、「ラベル」、「リサイクルできるもの」のように、できるだけ細かく分別することを、楽しみながらやっています。

また、食材を買うときは、なるべく個人商店に行き、地元の農家の人が育てたものを買うようにしています。地産地消※によって地元の応援をしながら、食材の配送時に車から出る排気ガスの量も、少し減らせるかなと思うからです。

Q これからどんな仕事をしていきたいですか？

高校生のときに、ボランティアでフィリピンに行き、路上生活を強いられている子どもたちの苦しい生活を目の当たりにし、世界には大変な思いで暮らしている人たちがたくさんいることにショックを受けました。また、お金を寄付する支援では根本的な解決にならないことを教わり、どうしたらみんなが健康的な生活を送ることのできる社会になるのか考えるようになりました。

今の仕事なら、それができるかもしれないと感じています。環境によく、社会貢献にもなるこの仕事を続け、今以上にたくさんの国と積極的に関わり、みんなに喜んでもらえるような商品をたくさん生み出していきたいです。

そしていつか、フィリピンの人のためになる商品づくりにも関われたらうれしいですね。

エシカル商品の企画に関わるには……

エシカル商品をつくる会社には、環境問題や社会貢献への関心が高い人が多く働いています。そのため、大学の環境学部や社会学部で最新のエコやSDGsについて理解を深めておくとよいでしょう。または、経済学部や経営学部に進んで現在の社会経済を学び、現代のエシカルな消費社会についての考えを深めるのもおすすめです。

高校
↓
大学・専門学校
↓
エシカル商品をあつかう会社に就職

用 語　※ 地産地消 ⇒ その地域でつくられた農産物や水産品を、その地域で消費すること。

Q この仕事をするには どんな力が必要ですか？

私は自分に何か特別な能力があるとは思っていません。でも、環境問題や世界の貧困問題などを自分のこととしてとらえ、どんな行動をすればよいか、つねに考えるようにしています。そうすれば、仕事に行き詰まったときも、何をすればよいか自然と見えてきますし、SDGsやエシカルなど、難しい言葉が出てきても、調べて理解したいという気持ちが自然とわいてきます。

また、新商品を考えるときは、「本当につくれるんだろうか」とか「できないんじゃないだろうか」と心配ばかりしていては、何もできません。まずは、何でもやってみようと思う「一歩をふみ出す勇気」が必要です。そのため、チャレンジ精神があるとよいと思います。

野村さんの夢ルート

小学校 ▶ とくになし

「大人になったら仕事をするのだろう」
というくらいにしか考えていなかった。

中学校 ▶ 雑貨店の経営者

かわいい文房具や
お菓子が並ぶお店をつくりたかった。

高校 ▶ 学校の先生

社会貢献に関心の高い先生が
世界情勢や環境のことなどを教えてくれた。
とてもよい先生で教師の仕事に興味をもった。

大学 ▶ 社会貢献になる仕事

就職活動では、職種ではなく、
どんな社会貢献をしているかで
会社を選ぶことにした。

Q 中学生のとき、 どんな子どもでしたか？

中学生のころは、雑貨店を経営するのが夢でした。かわいい文房具やお菓子などを見るのが楽しかったからです。学校の帰りや休みの日に、近所の雑貨店に出かけていって、おこづかいで買うこともありました。

お菓子づくりや手芸が好きで、家庭科と技術はよい成績でした。反対に英語は苦手な科目でした。今の私の仕事内容だと英語はそれほど必要ないので問題ないのですが、今後は、海外の会社といっしょにエシカル商品づくりをすることもあるかもしれません。そのため、できれば勉強し直したいです。

テスト勉強は、試験の3週間前から始める、慎重な性格でした。しかし、ノートをきれいにまとめることや、勉強した時間を記録する表をうめることに気をとられてしまい、中身のある勉強ができていなかったと思います。

また、人を引っぱっていくよりも、後からついていく性格でもありました。部活選びも、友だちにさそわれるがままに吹奏楽部に入り、トランペットを吹いていました。習い事として小学生から高校生までバトントワリング※をやっていたのですが、これも友だちにさそわれて始めたことです。

仲のよかった友だちと野村さん（写真右）。「このころはまだ、自分から積極的に何かに挑戦するタイプではありませんでした」

野村さんがつくった、くまのぬいぐるみ。手芸に夢中になり、小物やアクセサリーをよくつくっていた。

用語 ※ バトントワリング ⇒音楽に合わせてバトン（金属製の細い棒）を回したり、空中に投げたりして演技する芸術性の高いスポーツ。

Q 中学のときの職場体験は、どこに行きましたか?

中学2年生のときに、老人ホームを選び、吹奏楽部の仲間4人で、4〜5日間の体験に行きました。本当は、保育園に行きたかったのですが人気が高かったのであきらめ、みんなでそろっていける場所として選びました。

Q 老人ホームではどんな印象をもちましたか?

お年寄りを介護する場所なので、静かな雰囲気を想像していましたが、みんな明るく楽しそうにしていることに、まずおどろきました。

実際にやった仕事は、お年寄りといっしょに体操や工作をしたり、職員の人たちの仕事の手伝いをしたりすることです。また、吹奏楽の演奏も行いました。

私たちはやりませんでしたが、トイレやお風呂の手助けをする職員の人たちのようすを見て、大変そうだなと思った記憶があります。危険な行動をしていたお年寄りに、職員さんが注意していた場面を見たときは、少しびっくりしました。この経験があって、お年寄りが安全で快適に過ごすために、職員の人たちは、笑顔でいながらも緊張感をもって働いていることがわかりました。

Q この仕事を目指すなら、今、何をすればいいですか?

まずは、どんな会社がエシカル商品をつくっているのかを調べてみることから始めてみてください。WEBサイトを見て、会社が行っている仕事の内容や、会社が目指していることを知り、どこの会社に共感できるか考えてみるとよいと思います。

また、世の中には、どんな仕事があるのか調べてみてください。中学生のころの私は、ひとつの商品をつくるのに、さまざまな会社が関わっていることを知りませんでした。もし、もっと早く知っていたら、エコについてさらに深く勉強することができたと思います。

エシカル商品をもっと広めて地球環境に貢献したい

– 今できること –

ふだんの暮らし

本や教科書、ノート、ティッシュ、紙ぶくろなど、紙は生活のなかで、なくてはならない存在です。将来もずっと使うためには、「環境によい紙を選び、必要な分だけ大切に使う」というエシカルな消費を心がけることが大切です。例えば同じ商品を買うときも、環境ラベル※がついている方を選ぶなど、ちょっとしたことから始めてみましょう。そして、使われている素材や、生産国の経済について調べておくと、将来、新しいエシカル商品を考える助けになるはずです。

 社会 中学校の社会では、資源エネルギーと環境問題について学びます。エコ商品の開発の際は、どうやって環境に影響をおよぼさないかが重要になります。

 理科 中学校の理科では、自然環境を守ることと科学技術の利用を学びます。エシカルな商品づくりの基礎となる考え方なのできちんと理解しておきましょう。

 家庭科 地域の食材を使った調理方法や、裁縫など、暮らしのなかでむだをはぶくことにつながる技術を覚えましょう。

 英語 エシカル商品への取り組みは、世界中で行われています。海外の人と、環境や社会への意識を共有できるように、話す力を中心に英語力を身につけましょう。

用語 ※ 環境ラベル⇒環境にやさしい商品や、環境への負担が少ない方法でつくられた製品やサービスにラベルをつける制度。エコマークやグリーンマークなど、さまざまなラベルの種類がある。

国立環境研究所研究員

NIES Researcher

国立環境研究所
赤路康朗さん
入所2年目 31歳

植物を研究し
環境問題を解決する
手がかりをみつけます

環境問題を解決するためには、今あることがらを調べ、技術を生み出すための資料をそろえる必要があります。国立環境研究所の生物・生態系環境研究センターで、自然を守るために植物の研究をしている、赤路康朗さんにお話をうかがいました。

Q 研究員とはどんな仕事ですか？

ぼくは、国立環境研究所で研究員として、植物について調べています。植物をあつかう研究にはさまざまな分野がありますが、ぼくが行っているのは、気候や土壌のちがいによって、植物の成長がどう変わるのかを明らかにする研究です。おもに調べているのは、日本の気温の低い場所に多く生えているブナと、熱帯・亜熱帯といった気温が高い地域の河口などに生えているマングローブと呼ばれる植物です。

森林は地球環境を守るために、とても大切な役割を果たしています。地球温暖化※の原因のひとつとなる二酸化炭素を吸収してくれたり、水をたくわえて土砂災害を防いでくれたりします。しかし、最近は地球温暖化により気温が上昇したり、豪雨が降ったりなど異常気象が増えてきました。森林を適切に保護し、管理していくためには、気温や雨が植物の成長にどのような影響をおよぼすのかを明らかにすることが重要です。ぼくは、これに取り組んでいます。

調査はまず、ブナやマングローブが生えている森林に行くところから始まります。まわりには、ほかにどんな植物が生えているのか、どんな生物がいるか、雨はどのくらい降る場所なのかなど、まわりの環境を調べ、種子や葉などのサンプル（標本）を採集します。

調査からもどると、次は集めたサンプルの分析です。遺伝子や、成分などを調べるほかに、温度や湿度を調整できる温室でいろいろな条件の環境をつくり出し、それぞれ育てます。ちがう条件で育てると、成長がどう変わるか、光合成の活動量がどのくらい変わるかなどがわかります。

こうして得られた結果は、環境問題を解決する技術の開発に役立ててもらうために、論文にまとめて発表したり、国の役所に提供したりします。

植物の成分を取り出して調べる赤路さん。細菌がつかないよう手ぶくろをして慎重に行う。

Q どんなところがやりがいなのですか？

自分の研究した結果が、地球環境を守る技術に使われるかもしれないことに、大きなやりがいを感じます。

また、調査や分析によって、これまではわからなかったことが見えてくると、とてもわくわくします。

実験では予想もしなかった結果が出ることもあります。初めはおどろきますが、なぜそうなるのか考えてみると、何となく理由が推測できるのもおもしろいところです。そして、その推測が正しいかどうかに興味が広がり、次にやる調査や実験のアイデアにつながっていくのが、この仕事の醍醐味でもあります。

森林へ調査に行くときは、生いしげった雑草や木々をかき分けながら野山を進み、だれも来ないようなところで調査をするので、ひとりで行くのは危険です。そのため、ほかの研究員といっしょに行きます。ときにはキャンプをしながら何日もいっしょに作業を行い、夜は食事をしながら研究について議論をします。研究はひとりで作業することの多い仕事ですが、このときばかりは、仲間といっしょに協力し合って仕事をする楽しさが得られます。

赤路さんのある1日

09:00	出勤。メールをチェックする
09:30	栽培している植物に水をやったり、土の状態を調べたりして、植物の成長を管理する
10:00	研究している内容について、研究所のメンバーと打ち合わせ
12:00	ランチ
13:00	サンプルの分析。植物を細かくくだいて成分を調べたり、顕微鏡で観察したりする
16:00	実験で得られたデータをまとめる
17:00	メールをチェック
17:45	退勤

用語 ※ 地球温暖化 ⇒ 地球の温度が上がり、気温が高くなり続けている状態のこと。異常気象や大雨が増えているのは、地球温暖化が原因といわれている。

Q 仕事をする上で、大事にしていることは何ですか?

　自分がやったことのない新しい実験や分析の方法に、どんどん挑戦してみることです。やってもだめだろうと思うようなことでも、本当にだめかどうかはやってみなければわかりません。そのため、失敗をおそれず、どんなことでもやってみようという気持ちで取り組むようにしています。

　また、研究はひとりの力ではできません。植物の栽培や研究以外の事務の仕事など、たくさんの人の助けが必要ですし、同じ研究をしている人たちとの協力も大切です。ほかの分野の研究をしている人たちと声をかけ合うことで、思ってもみなかった考えや結果が生まれることもあります。このように多くの人とのつながりが大事なので、コミュケーションをしっかりとることを心がけています。

採集してきたサンプルの植物を育てる温室。仲間の助けも借りて成長具合を観察する。

Q 今までにどんな仕事をしましたか?

　大学と大学院時代から、ブナの森林が今後どう変化していくか考える研究に取り組んでいました。具体的には、さまざまな動植物が生きている森林のなかでブナがどうやって生き残り、成長していくのかを調べていました。

　マングローブの研究にも取り組むようになったのは、国立環境研究所に入ってからです。マングローブの森には、海からの風や波をやわらげる役割があります。地球温暖化によって、台風の発生回数が増えたり、規模が大きくなったりするので、熱帯・亜熱帯の沿岸にいる人々の生活を守るために、マングローブの研究は大切なことだと考えるようになりました。今は植物についている菌類にも注目し、植物の成長とどのような関係にあるのかを調べています。

「ひとつのことがわかると、そこから別の疑問が出てくるので、研究する内容も変わっていくんです」

Q なぜこの仕事を目指したのですか?

　科学に興味があり、小学生のころから何かの研究者になりたいと思っていました。もっと幼いころは、宇宙に興味があったのですが、不思議なことに宇宙の研究者になりたいとは思っていませんでした。

　環境問題に関心をもつようになったのは、地球温暖化や森林が減って砂漠化していくニュースを、テレビや新聞などでよく目にするようになったからです。「今後どうなっていくんだろう」、「このままではいけないのではないか」と考えるようになり、森林や乾燥地についての勉強ができる大学を調べて進学しました。

　植物は知れば知るほど興味深く、もっと知りたいという気持ちが大きくなり、今の仕事を目指しました。

Q 仕事をする上で、難しいと感じる部分はどこですか?

　実験で得られたデータや研究によってわかったことをまとめて論文にすることです。

　論文は、研究した結果を世の中の人に知ってもらう第一歩です。論文ができると、専門の雑誌に送ります。しかし、その雑誌に論文がのるとは限りません。専門家による厳しい審査があるからです。このデータから本当にこう言えるのか、理由は十分にあるかなど、細かくチェックが入り、やり直しが必要になります。あまりの厳しさに、自分の能力を否定されているような気持ちになることもあります。

　しかし、自分の研究結果を世の中の人に知ってほしいという強い気持ちで、何度も修正します。研究が認められて論文が雑誌にのったときは、達成感でいっぱいになります。

採集した葉を顕微鏡で観察する。葉の健康状態を参考に、まわりの環境を考えていく。

Q これからどんな仕事をしていきたいですか？

植物を研究していくうちに、植物は菌類と助け合いながら存在していることに気がつきました。そこで植物と菌類の関係をくわしく調べ、それが森林にどんな影響をあたえるのか明らかにしていきたいです。

また、自分のものの見方や考え方を広げるために、もっと海外の研究者とも情報交換をしていけるようになりたいとも思っています。

Q ふだんの生活で気をつけていることはありますか？

散歩をしているときなどでも道で知らない植物を見かけたら、写真を撮って後で調べるようにしています。ふつうに歩いていても、変わった花が咲いているのを見たり、知らない植物が生えているのを見つけたりすると、自然に目がいってしまうんです。植物にくわしいと思われがちですが、植物は種類が多いので、知らないものも多いんですよ。また、サンプルを集めに調査に出かけるときは、多くの荷物を背負って山の奥深くに入っていくので、時間があるときには体を動かして、体力を保つことも心がけています。

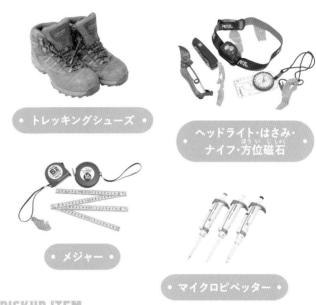

・トレッキングシューズ・

・ヘッドライト・はさみ・ナイフ・方位磁石・

・メジャー・

・マイクロピペッター・

赤路さんの働く研究所は、環境保護に役立つ研究を、さまざまな分野から行っている。

PICKUP ITEM

森林へ調査に行くときは、山奥へ分け入るため装備が重要。すべらないトレッキングシューズをはき、ヘッドライトで前を照らしながらナイフなどで木や草を切り、方位磁石で進む方向を確認する。メジャーは木の直径を測るときに使う。マイクロピペッターは、実験でごくわずかな液体を量りとる器具。

生物や自然環境の研究員になるには……

研究職は、深い知識が求められる専門性の高い仕事です。そのため、国の研究機関で働くには博士号が必要な場合がほとんどです。博士号は大学院の修士課程終了後に博士課程に進み、研究成果をまとめた論文が審査に合格すると取得できます。また、生物や自然の調査を行う企業で、生物や自然環境に関する仕事もできます。

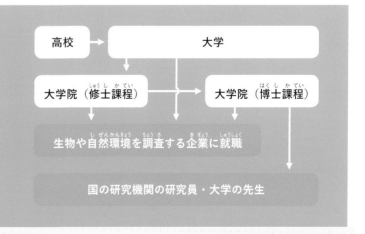

高校 → 大学

大学院（修士課程） 大学院（博士課程）

生物や自然環境を調査する企業に就職

国の研究機関の研究員・大学の先生

Q この仕事をするには どんな力が必要ですか？

ささいな変化やちがいを見逃さない注意力と、深く考える力が必要です。また、研究は地道な作業の積み重ねです。考えることをやめてしまったら、研究はそこで止まってしまうので、あきらめずにやり続ける気力も大切です。

さらに、研究者は、実験からわかったことを論文にまとめなければいけません。ここでつまずく人も多いので、自分の意見を文章で表現できる力も必要だと思います。

「調査に行ったり、調べたりするのは発見があって楽しいんですが、文章にまとめるのは、なかなか難しいんですよね」と笑う。

Q 中学生のとき、 どんな子どもでしたか？

サッカー部に入っていて、ほぼ毎日サッカーの練習をしていました。自分に足りないものは何かと考えて、上手になるための目標を細かく立て、練習していましたね。

勉強もきらいではなく、学校の授業も、しっかり受けていました。小学校のころから公文式の教室に行っていて、中学2年生からは塾にも通っていました。時間があれば友だちとも遊んでいたので、勉強と遊びのメリハリを自分でつけられていたと思います。

また情熱をもった先生が多く、行事にとても熱心な中学校でした。運動会では、指導する先生もいっしょになって参加し、盛り上げてくれました。

このころにはすでに、やりたいことを聞かれると研究者と答えていました。「この研究をやりたい」という具体的な目標があったわけではありません。ただ、仕事にするなら社会の役に立つことを研究したいと考えていました。

赤路さんの夢ルート

小学校 ▶ サッカー選手

サッカーに夢中になっていたので、プロの選手にあこがれていた。

▼

中学校 ▶ 研究者

科学に興味があり、何かの研究者になりたいと思っていた。

▼

高校 ▶ 環境問題に関わる仕事

環境問題に関心をもつようになり、社会に貢献できる仕事に興味をもつ。

▼

大学・大学院 ▶ 森林の研究者

環境問題の解決に貢献したいと考え、それには森林の研究が必要だと思った。

サッカー部で着ていたユニフォーム。小学校のときはサッカー選手になりたいと思うほど好きだった。

卒業式の写真。「自分でいうのも何ですが、まじめな生徒でした」

Q 中学のときの職場体験は、どこに行きましたか？

中学2年生のときに、いくつかあった候補のなかから、釣り具店を選びました。釣りはたまにしていたので、興味をもったんです。5日間でしたが、何人かでいっしょに行き、商品の整理整頓や、お店の掃除をしました。

Q 職場体験ではどんな印象をもちましたか？

最初にお店の人から、「子どもあつかいはしないよ」と言われました。ところが、いっしょに行ったほかの生徒とふざけた行動をしてしまい、初日からお店の人にすごくおこられるということがありました。学校の先生までお店に呼び出されて注意を受けたんです。

ぼく自身遊び半分のような、あまえた気持ちがあったので反省し、それからは全員でまじめに仕事をしました。社会の厳しさを教えられた最初の経験ですね。

職場体験に行く前までは、商品がきれいに並んでいるのは当たり前だと思っていました。でもそれは、お店の人の努力と気配りがあったからなんだとわかりました。仕事というのは、目立たない作業の積み重ねであり、それが重要なんだと理解できた職場体験だったと思います。

Q この仕事を目指すなら、今、何をすればいいですか？

小さなことでよいので目標を立て、その目標を達成するためには何が必要かを考えてやり続ける習慣をつけておくとよいと思います。研究者の仕事は、その連続です。

環境問題に取り組む研究者を目指すのであれば、生物の勉強だけでなく、英語や数学の勉強もがんばってください。データを理解するには計算が必要ですし、世界の論文をたくさん読まなければいけないからです。

何になりたいかまだ決まっていない人も、あせる必要はありません。はば広く、いろんなことを学んでください。努力はむだになりません。大事なのは、学び続けることです。

豊かな自然を未来に残すため植物のなぞを解き明かします

－ 今できること －

ふだんの暮らし

家や学校のまわりに生えている植物を観察したり、自分で育てて成長過程を記録したりしてみましょう。また、休みの日は近くの公園や植物園に行ってみるのもおすすめです。植物の名前と種類が横に書かれていることが多いので、興味をもって覚えられます。

世界にはさまざまな植物、動物、菌類が、たがいに関わりながら生きています。機会があれば各地へ足を運び、いろいろな生態系にふれるとよいでしょう。視野を広げることで、より自然への理解が深まるはずです。

国語
論文を書くには、筋道を立てて文章をまとめる力が必要です。作文を書くときは構成をしっかり考えましょう。

社会
各地の地形的特徴を知り、気候のちがいについて学びましょう。また、そのちがいが植物にも影響していることを理解し、環境問題と結びつけて考えてみましょう。

理科
植物の成長の仕組みを知り、植物が環境にあたえる影響を学びましょう。また、研究に欠かせない、仮説をもとに実験して結果を分析する力を身につけましょう。

英語
研究した結果をまとめる論文は、英語で書くのが基本です。また、英語の資料を読んだり、海外の研究者と話したりする機会も多いため、英語力は不可欠です。

リサイクル商品ブランディング

Recycle Products Branding

日本環境設計
山田かれんさん
入社3年目 25歳

再生ポリエステルを世の中に広めて限りある資源を守ります

着なくなった服を、リサイクルで新しい服に生まれ変わらせる。そんな環境に優しい取り組みをしているのが、日本環境設計です。その取り組みの価値を世の中に伝える「ブランディング※」の仕事をする、山田かれんさんにお話をうかがいました。

用 語 ※ ブランディング ⇒ 会社、商品、サービスなどに対し、ほかと明確に差別化できる個性やイメージをつくりあげること。

リサイクル商品ブランディングとはどんな仕事ですか？

　私が働く日本環境設計では、「BRING」という衣類のリサイクルプロジェクトを行っています。

　日本国内では年間約170万トンの繊維製品が廃棄されていますが、そのうち約8割が焼却やうめ立てによって処分されています。その衣類の多くにポリエステル※という石油が原料の素材が使われています。石油は限りある資源なので、衣類をつくると、その分資源が失われることになります。この状況を変えようと、BRINGが始まりました。

　まず、ショッピングモールやファッションブランドを展開する企業の協力で、店頭で古着を回収してもらっています。集まった古着はリサイクル工場で分別し、着られるものは、ほかの会社で古着として販売されたり、別の商品にリサイクルされたりしています。着られないものは、私たちの工場へ送り、ポリエステルのもととなる樹脂にリサイクルします。その後、私たちの協力会社で樹脂から糸がつくられ、布がつくられています。こうして古着からポリエステルを再生することで、石油の消費量をおさえ、ごみになる服を減らすことができるのです。

　ブランディング担当の私の仕事は、BRINGの特徴や魅力を世の中に伝え、活動の価値を高めていくことです。簡単にいうと、多くの人に「よいイメージ」をもってもらうことを目指す仕事です。自社で「BRING Material」というブランドを立ち上げ、再生したポリエステルでTシャツや下着をつくったり、ファッションブランドと協力して「コラボレーション商品」をつくったりもします。また、商品の魅力が伝わるようなWEBサイトをつくったり、衣類回収イベントなどを企画したりして、BRINGに参加することが、「楽しくて、かっこいいこと」と、思ってもらえるように活動しています。

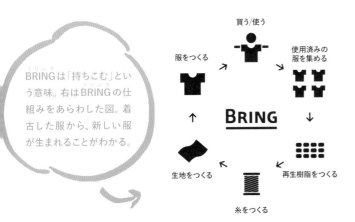

BRINGは「持ちこむ」という意味。右はBRINGの仕組みをあらわした図。着古した服から、新しい服が生まれることがわかる。

買う/使う
服をつくる　　　　使用済みの服を集める
BRING
生地をつくる　　　　再生樹脂をつくる
糸をつくる

どんなところがやりがいなのですか？

　BRINGの取り組みは、古着の回収に協力してくれる企業や、商品化のコラボレーションをしてくれるファッションブランドなどの協力によって成り立っています。協力してくれる企業を増やすのも私の仕事なので、この取り組みについてわかってもらえるように言葉をつくして伝えます。私の説明で、「ものの循環という発想がおもしろい」、「再生したポリエステル製品の質がいい」などと共感してもらえたときは、大きなやりがいを感じますね。

古着の回収箱。BRINGの取り組みに共感してくれた企業やファッションブランドの店頭に置かれている。

山田さんのある1日

09:00	出社。メールをチェック
09:30	工場に商品の出荷を依頼したり、在庫の確認をしたりする
12:00	ランチ
13:00	コラボレーション商品の企画を考えて、資料にまとめる
15:00	ファッションブランドと打ち合わせ
16:00	商品の販売店と打ち合わせ
17:00	衣類の回収イベントについて社内の担当者と打ち合わせ
18:00	協力企業が作成した販促物の確認
19:00	退社

用語　※ ポリエステル ⇒ 石油から取り出した成分を原料とした化合物。ペットボトルやスポーツウェアの素材などによく使われている。

Q 仕事をする上で、大事にしていることは何ですか？

最近、リサイクルやサステナブル※という言葉を、いろいろなところで耳にするようになりましたが、まだまだ日本では環境への関心が低いのが現状だと思います。そこで、私たちが大事にしているのは、リサイクルに「楽しい」という要素をプラスして、多くの人に「楽しそうだからイベントに参加したい」、「かっこいいからTシャツを購入したい」と思ってもらえるようにすることです。商品をつくるときや、イベントの企画を考えるとき、つねにこのことを意識して、方向性を決めています。

BRINGのリサイクルは、ポリエステルという素材を、むだにすることなく、半永久的に利用できます。しかもBRINGでつくる服は、新しいポリエステルでつくった服と、まったく変わらない品質です。この画期的なリサイクル方法を知ってもらうためにも、みんながワクワクするようなアイデアを考えるようにしています。

BRINGのリサイクルで、古着がどのように変化して再生ポリエステルになるのかを表したサンプル。BRINGの取り組みを紹介するときなどに使う。

再生ポリエステルの糸からつくられた布

再生ポリエステルからつくられた糸

再生されたポリエステル樹脂

ポリエステルのもとになる物質

古着の布

自社ブランド、「BRING Material」のTシャツ。再生ポリエステルからできているが、天然素材の綿のようなやわらかな肌ざわりが特徴。

Q なぜこの仕事を目指したのですか？

昔から、エコに対する関心はありましたが、まさか自分の仕事になるとは思っていませんでした。

高校生のころから音楽が好きになり、芸術系の大学に進学しました。将来は音楽系の仕事がしたいと思っていたのですが、当時お世話になっていた大学の講師から、「ユニークな取り組みをしている企業がある」と、日本環境設計を紹介されました。会社説明会に行ってみると、新しいことにどんどん挑戦している事業内容や、「楽しみながら環境によいことをする」という会社の理念を聞いて興味がわき、「この会社でエコの仕事をしてみたい！」と思いました。

Q 今までにどんな仕事をしましたか？

入社2年目のとき、ホールガーメントという編み機の使い方を習得するため、和歌山県の企業で1か月半の研修を受けました。ホールガーメントとは、ニット製品づくりの最先端の技術が使われた機械です。そでや胴体部分などを別々につくって組み合わせるのではなく、1着丸ごと、立体的に編み上げていきます。この技術でつくられた服は縫い目がないので、肌によくなじみ、着心地がよいのが特徴です。

現地に行くまで、私はニットや糸のことをまったく知らなかったのですが、研修を通して、自分で機械を動かせるようになりました。この経験で、自分が知らないことでも、まずはチャレンジしてみることが大切なのだと実感しました。それ以来、やったことがない仕事をまかされたときも、「できないかもしれない」とすぐに結論を出さず、とりあえずやってみることを心がけています。

機械を動かす準備をする山田さん。ホールガーメントの技術を使って、肌ざわりのよい下着などの商品がつくられている。

ホールガーメント（WHOLEGARMENT）は株式会社島精機製作所の登録商標です。

用語　※サステナブル ⇒ 地球の環境を破壊せずに、継続して行える産業や開発のこと。

Q 仕事をする上で、難しいと感じる部分はどこですか？

服づくりは、原料を調達してから製造、販売にいたるまで、さまざまな工程があります。各工程に専門の部署がある会社もありますが、日本環境設計は新しいことに挑戦している企業なので、まだ方法や仕組みが確立していないことも多くあります。そのため、ひとりひとりが製造から販売まで、はば広く業務を担当しています。わからないことがあったり、前例がなかったりする場合もあります。そんなときは、自分で調べて対応しないといけないので大変です。でも、いつも新しいことに挑戦できる環境はありがたいですし、できることが増えていくのは、楽しい部分でもあります。

Q これからどんな仕事をしていきたいですか？

今までは、「私たちはこういった取り組みをしています」、「いっしょに環境によい商品をつくりませんか？」と企業に向けて働きかけることが多かったのですが、これからは、消費者に対しても、私たちの商品のよさを伝える仕事に力を入れていきたいです。自社ブランドのBRING Materialでは、2018年2月からTシャツの販売を始めましたが、まだまだBRINGの取り組みが十分に広められていないと感じています。これからは、Tシャツや下着などの商品を気軽に購入できるWEBサイトを充実させたり、ブランドとのコラボレーション商品をもっとたくさん企画したりと、さまざまな方法でBRINGの取り組みを伝えていきたいです。

Q ふだんの生活で気をつけていることはありますか？

企業の方やファッションブランドの方と打ち合わせをする機会が多いので、ふだんから身だしなみには気をつけています。清潔感ももちろん大切なのですが、ファッション業界にはおしゃれに対する意識の高い方が多いので、流行をさりげなく取り入れるなどして気を配っています。

また、休みの日に買い物に出かけたときは、いろんなブランドの洋服をチェックしています。使われている素材や服のデザインを調べたり、ケアラベル※にどんなことが書かれているのかを見たりします。ケアラベルを見ると、消費者がどんな服だとあつかいやすいのかを知るよいヒントになるので、商品づくりの参考にしています。

・ パソコン

・ 電卓

PICKUP ITEM

電卓は、商品の在庫を計算するときや、イベントの予算を立てるときなどに欠かせない。パソコンにはさまざまな資料が入っていて、営業先へ行くときなどに持ち歩く。

リサイクル商品ブランディングとして働くには……

リサイクルへの取り組みは多くの企業で行われていますが、そのなかでも商品ブランディングの仕事に就きたい人は、大学や専門学校でマーケティング（商品の販売促進のための活動）の知識を身につけておくとよいかもしれません。また、環境学部で、ごみ問題や資源問題を学んでおくと、リサイクル分野の仕事で役立ちます。

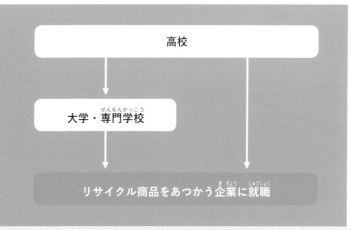

高校
↓
大学・専門学校
↓
リサイクル商品をあつかう企業に就職

用 語 ※ケアラベル⇒衣類の品質表示が書かれているラベル。素材の使用率や、手入れの仕方などがまとめられている。

Q この仕事をするにはどんな力が必要ですか？

　再生ポリエステルから、新しいポリエステルでつくられたものと変わらない品質の服をつくるBRINGの技術は、ほかにはない最新のものなので、海外でも強い関心をもたれています。今も、海外の有名ブランドからコラボレーションに関する問い合わせや、ニュース番組の制作会社から取材の申し込みがあります。環境問題は日本だけでなく、世界の国々と連携して、解決していくべき問題なので、英語力は、必要だと思います。私は英語があまり話せないので、ほかの社員が流ちょうな英語でコミュニケーションをとる姿を見ると、自分も努力しなければと思いますね。

海外からの取材対応やブランディングの戦略を練るときなど、自分だけで答えが出ないときは先輩たちに相談する。

山田さんの夢ルート

小学校・中学校 ▶ 獣医

動物が好きで、獣医を目指して中高一貫の進学校に進学した。

▼

高校 ▶ 音楽関係の仕事

ミュージシャンにあこがれ自分で曲をつくってみたいと思った。

▼

大学 ▶ 音楽・エンタメの仕事

音楽の仕事を夢見て、音楽を学べる大学に進学。在学中、音楽に限らず、何かを表現して、盛り上げる仕事に就きたいと思うようになった。

Q 中学生のとき、どんな子どもでしたか？

　小さいころから音楽が好きだったので、学校のバイオリン同好会に入っていました。学園祭や地域の発表会などで、チェロやビオラを弾く友だちといっしょに、三重奏を演奏することもありましたね。また、当時はバンドが流行していたので、友だちと4人でバンドを組んでいました。私はエレキギターとボーカルの担当です。そのとき、おこづかいを貯めて買ったギターは今も大切にしています。

　中学受験をして、私立の中高一貫校に通い、中学校と高校を合わせて6年間、1度も休まず皆勤賞をもらいました。勉強では、音楽はもちろん、数学も得意でした。運動はあまりしていなかったので体育が苦手で、英語も得意ではありませんでした。

　また、家に帰ってから宿題をするのがいやだったので、授業のときに集中して内容を理解して、帰りのスクールバスでのなかで終わらせていました。今も、プライベートと仕事はきっちり分けていますが、このころに身につけた習慣が今につながっていると思います。

中学時代の山田さん。バイオリンの同好会では弦楽器のバイオリンを担当していた。

中学生のころにおこづかいを貯めて買ったエレキギター。「実家から持ってきて、今でもたまに練習してます」と山田さん。

Q 中学のときの職場体験は、どこに行きましたか？

私の学校では職場体験はありませんでしたが、代わりに学校の近くの地域で働く人にインタビューする機会がありました。私はクラスの仲間と数人で近くのお寺を訪ね、住職さんにお話を聞きました。

ほかにも、自分の将来の夢や、興味のあることについて調べたことを、みんなの前で発表する機会がありました。

Q 職場体験ではどんな印象をもちましたか？

お寺を訪ねる前に事前学習をしたのですが、お寺の周辺地域では歩道にごみがポイ捨てされるという、環境に関わる問題があることを知りました。そのころはまだ、環境問題というと、どこか遠い世界の話のように感じていたのですが、こんなにも身近にあることなのだと知って、エコについて興味がわきました。

将来の夢や興味のあることについての発表では、音楽に関する仕事をテーマにして、発表用の資料をパソコンでつくりました。人に何かを伝えるために、しっかり下調べをして、情報が伝わりやすいように資料をまとめるという経験は、今の仕事で役立っていると思います。

Q この仕事を目指すなら、今、何をすればいいですか？

興味のあるなしに関わらず、いろいろなことに目を向けてください。環境問題はさまざまな分野に広がっていて、それぞれ求められる知識もちがいます。どんなサービスや商品でもブランディングすることができるように、知識のはばを広げておくとよいですね。そして、興味があることには積極的にチャレンジしてほしいです。私は中学生のとき、パソコンの操作に興味があって、わからないながらも挑戦していました。そのときに基本的な操作を覚えたおかげで、社会人になってから困らずにすみました。どんな経験も、むだになることはないですよ。

「リサイクル」と「楽しい」をつなげて循環するものづくりの魅力を伝えたい

－ 今できること －

ふだんの暮らし

リサイクルで資源をくりかえし利用することでごみを減らし、環境を守ることができます。家から出る空きカンや空きビン、古い新聞紙、古着などはリサイクルに出すよう心がけましょう。家の近くにリサイクル商品をあつかっているお店があれば、どんなものがリサイクル利用されているのか調べてみるのもよいでしょう。

また、地域の清掃ボランティアに参加してみてください。道や公園に落ちているごみに意識を向けることで、エコへの関心が高まるはずです。

国語

イベントや商品を企画するときは、多くの人と関わります。相手の立場や考えを尊重したコミュニケーションを心がけ、話す力をきたえましょう。

社会

環境問題への意識は、世界中で高まっています。世界の国々が、どのようなリサイクル事業に取り組んでいるのかを調べてみましょう。

理科

洋服を、ポリエステルという物質にもどすリサイクル技術には、化学の知識が欠かせません。理科で取り上げられる物質の性質について学んでおきましょう。

家庭科

裁縫を学び、着なくなった服に手を加えて、別のものをつくってみる「リメイク」に挑戦してみましょう。

フェアトレード
コーディネーター

Fair Trade Coordinator

ピープルツリー
新村歩美さん
入社4年目 30歳

**開発途上国※の人びとと
いっしょにエコな商品を
つくり届けます**

フェアトレードとは、「公正な貿易」のことです。そして、不当に安い代金で商品をつくらされている開発途上国の生産者を支援する仕組みでもあります。フェアトレード専門ブランド、ピープルツリーのコーディネーター、新村歩美さんにお話をうかがいました。

用 語　※ 開発途上国 ⇒開発途中にある国のこと。お金を生み出す産業や会社が少なく、貧困に苦しんでいる国もある。

Q フェアトレードコーディネーターとはどんな仕事ですか?

日本では、衣類や食品がとても安い値段で売られていることがあります。生産国を調べると、ほとんどが開発途上国でつくられた商品です。さらに、どうやってつくられたのか調べると、安い値段で販売するために、生産者にまともな代金を支払っていなかったり、たくさんの農薬を使い、安全に育てる手間を省いたりしていることがわかります。

こうした状況を見直して、正当な代金を生産者に支払い、環境に優しい方法で商品をつくって、正当な値段で消費者に届けようというのがフェアトレードの考え方です。

私はフェアトレードカンパニーという会社のコーディネーターとして、「ピープルツリー」で商品の品質と納期の管理を行っています。まず、日本の消費者に喜ばれる商品で、生産者の技術向上にもなるような商品をデザイナーが考えます。その後、コーディネーターが長年取引きのある生産者団体に連絡し、「サンプル(見本品)」をつくってもらいます。このサンプルで、デザインや生地、縫い方に問題がないかなどを確認して問題がなければ、今度は「商品」をつくってもらいます。商品ができあがってきたら、次は「検品」といって最終的な品質の確認を行い、販売するお店に送られることになります。生産者さんとこまめに連絡を取り合いサポートしながら、よい商品を期限に間に合うようにつくってもらい、検品をするのが、コーディネータである私の仕事です。

私は、衣類やアクセサリーなどをつくっている、インド、ケニア、フィリピンの生産者団体を担当しています。

今度販売する服のサンプルを確認中。依頼した通りの色やかたち、手ざわりになっているか、みんなで確かめる。

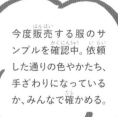

新村さんが担当するインドの生産者がつくったアクセサリー。

Q どんなところがやりがいなのですか?

その国の伝統的なやり方でつくられた、人にも環境にも優しい商品を、日本の人に届けられるのがやりがいです。そして、その商品を買った人に喜んでもらえたとき、「やっていてよかったな」と感じます。

また、生産者に正当な代金の支払いがなされることで、生活がよくなっていくのを見られるのもやりがいです。もちろん、時差や言葉の問題、文化のちがいからくる考え方のちがいなどで、苦労することはたくさんあります。しかし、ちがいをのりこえて、ひとつの商品をつくり上げたとき、いっしょに喜び合えるのは、とてもうれしいことです。

パソコンを見ながら、電話で海外の英語が話せる担当者に連絡する新村さん。

新村さんのある1日

10:30	出社。メールをチェックする
11:30	チーム内ミーティング 商品の情報などを共有する
12:00	生産者から届いたサンプルの確認
13:00	ランチ
14:00	生産者に連絡。サンプルで直したいところをメールや電話で伝える
16:00	関係部署とのミーティング 商品の入荷・検品・出荷までのスケジュール調整をする
17:00	生産者へメール。ミーティングで決定したことを伝える
19:00	退社

ピープルツリーは、フェアトレードカンパニー株式会社のフェアトレード専門ブランドです。

Q 仕事をする上で、大事にしていることは何ですか?

　相手の話や意見をよく聞くことです。以前、担当するケニアで、商品がいつまで待ってもできあがってこないことがありました。「約束の期限はきちんと守って!」と、厳しく言ったところ、じつは数日前に大雨が降って、工場が被害にあっていたことがわかりました。

　ケニアは、何でもすぐにそろう国ではないので、修理には長い期間がかかります。また、時間の感覚もちがうため、日本の「早く」という感覚が、なかなか伝わりにくいという文化のちがいもありました。私はそんな事情をわかりもせず、一方的にこちらの都合をぶつけていたのです。

　このときの経験から、できないときはその理由をきちんと聞いて、話し合うように心がけています。

「相手には相手の都合があることを理解して、話し合うことが大切だと、経験から学びました」

Q 今までにどんな仕事をしましたか?

　大学を卒業したらすぐにフェアトレードの仕事をしたいと思っていましたが、仕事の経験がないとやとってもらえない会社がほとんどでした。

　そこで、まずはふつうの洋服メーカーが、どのように生産者と仕事をしているのか見て学ぼうと思い、大量生産で衣類を販売している海外の会社に入りました。しかし、新品同様の服や生地が、たくさん捨てられていくのを見て、とても心が痛み、いやな気分になって辞めました。

　その後、教員免許をもっていたので、しばらくは非常勤講師として働きました。しかし、フェアトレードの仕事がどうしてもしたくて会社を探し、ピープルツリーに入りました。

「このすてきなワンピースもフェアトレード商品なんですよ」

Q なぜこの仕事を目指したのですか?

　きっかけは、中学2年生のときに授業で観たビデオです。ブラジルに住む13歳の女の子が、貧しさのなかで苦労しながら生活している内容でした。同じ年齢の子がそうやって生きていかなければいけない世界を知り、国をこえた協力に興味をもちました。

　大学ではフェアトレードのサークル※に入りました。南アメリカにあるペルーの女性たちが編んだニット製品を、学園祭や地域のイベントで売って、そのお金を彼女たちに送る活動をするサークルです。活動していくなかで、私には彼女たちの技術が向上していくのがよくわかりました。また、写真や手紙から、彼女たちの生活がよくなっていくようすも知ることができました。このことに、喜びとやりがいを感じ、フェアトレードを仕事にしたいと思うようになりました。

Q 仕事をする上で、難しいと感じる部分はどこですか?

　やりとりの相手が海外にいるので、すぐに会って話すことができません。そのため、お願いしたいことが正確に伝わりづらいところが大変です。内容が複雑なときは、写真を送ったり、テレビ電話をしたりなど工夫をしていますが、難しいです。

　また、メールの返信がおそかったり、ひとつのことをやるのに時間がかかったりなど、文化のちがいから生まれる問題をのりこえるのも難しいです。仕事を始めたばかりのころは、どうしたらメールをすぐ返してくれるのか、どうすれば期限までにやってくれるのかなど、悩むことばかりでした。

　今はだんだんわかってきて、「この国の人はノリよく盛り上げるとやってくれる」、「この国の人は応援するとがんばってくれる」というように、相手の特徴をつかんだ対応が上手になったと思います。

　用 語　※ サークル ⇒ 趣味や、好きなことが同じ人たちの集まり。大学では、部活やクラブのほかにさまざまなサークルが活動している。

Q ふだんの生活で気をつけて いることはありますか？

生産者のみなさんとの話題になればよいと思い、担当する国のニュースや本をチェックするようにしています。

先日は、南インド料理を出しているレストランにランチに行きました。現地の10倍くらいの値段でびっくりしましたが、とてもおいしかったです。覚えたてのタミル語※を話して喜ばれたりするのも楽しいですし、そうした交流はふだんから好きでやっています。

また、買い物はエコバッグを持っていき、レジぶくろはもらわないようにしています。包装もできるだけ「必要ないです」と、お断りしています。

生地見本の
ファイル

手帳

PICKUP ITEM

生地見本のファイルは、服のデザインを依頼するときに参考にする。手帳にはその日の予定がぎっしり。とくに重要なことは赤ペンで書いている。メジャーは、洋服のサイズを測ったり、商品を送るときに使う箱のサイズを測ったりするのに使う。

メジャー

Q これからどんな仕事を していきたいですか？

フェアトレードの考え方をもっと多くの人に広めていきたいです。そのためにも、魅力的な商品をつくって、ピープルツリーを有名にしたいと思っています。ピープルツリーに興味をもってもらえれば、フェアトレードについて知ってもらうチャンスにもなるからです。

また、教員免許を活かし、地域の学校と協力して、フェアトレードについて学ぶ授業も行いたいです。日本では、何でも簡単に手に入りますが、それがどこから、どうやって自分のところまで来たのか、ごみとなったらどこへ行くのかを考えてもらうような授業です。

「みんな、私の大切な仕事仲間です」と新村さんが話す、海外の工場で働く生産者たち。

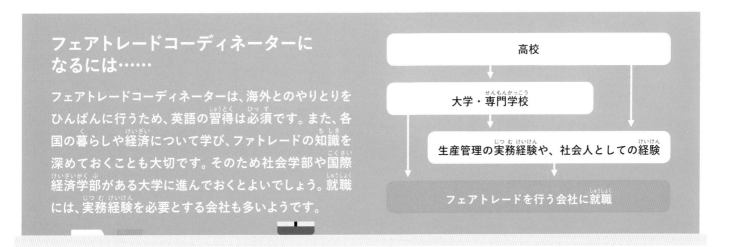

フェアトレードコーディネーターに なるには……

フェアトレードコーディネーターは、海外とのやりとりをひんぱんに行うため、英語の習得は必須です。また、各国の暮らしや経済について学び、ファトレードの知識を深めておくことも大切です。そのため社会学部や国際経済学部がある大学に進んでおくとよいでしょう。就職には、実務経験を必要とする会社も多いようです。

```
高校
  ↓         ↓
大学・専門学校    ↓
  ↓         ↓
生産管理の実務経験や、社会人としての経験
  ↓         ↓
フェアトレードを行う会社に就職
```

用 語 ※ タミル語 ⇒南インドで話されている言語のひとつ。

Q フェアトレードコーディネーターになるにはどんな力が必要ですか？

フェアトレードコーディネーターは、海外の人とのやりとりが多い仕事です。なので、初めて会う人や、初めてふれる文化にためらうことなく、自分から進んで飛びこんでいける積極性が必要だと思います。

また、文化のちがいを楽しんで受け入れて対応できる広い心も必要です。「日本ではこれが当然」という考え方では通じないことがたくさんあるからです。

デザインにもこだわった商品をつくるため、新村さんは、ファッション誌や本なども参考にしている。

新村さんの夢ルート

小学校 ▶ 小説家、外交官

本が好きで、文章を書く仕事をしたいと思った。
外交官、杉原千畝の伝記を読んで、
外交官にもあこがれた。

▼

中学校・高校 ▶ 英語を使う仕事

得意な英語を使う仕事に興味をもった。

▼

大学 ▶ 大使館の仕事 フェアトレードの仕事

海外で英語を使って働きたかった。
サークル活動でフェアトレードを知り、
自分の仕事にしたいと思った。

Q 中学生のとき、どんな子どもでしたか？

ふだんはあまり勉強をしませんでした。ただ、英語は好きだったので、塾にも通っていましたし、勉強するという感覚ではなくやっていました。もともと、洋楽を聴くのが好きで、小学校の高学年になったころから図書館でCDを借りては、くりかえし聴いて、一生懸命、英語の歌詞を書き写して覚えるようなこともしていたんです。中学1年生のときには、歌手のポール・マッカートニーの来日公演に行って感動し、もっと英語を勉強したいと思ったのも覚えています。

学校以外では、地元の吹奏楽団に入って、チューバ※をやっていました。トランペットが希望だったのですが、じゃんけんで負けてしまってチューバ担当になりました。でも、実際にやってみると、メロディを吹いて目立つトランペットより、伴奏を吹いて曲を支えるチューバが自分には合っていたみたいです。いつも、「低音のベースラインって楽しい！」と思って吹いていました。ただ、楽器が大きくて、運ぶのも、吹くのも、筋力トレーニングをしているかのようで大変でしたね。

吹奏楽団に入り、チューバを吹いていた中学生時代。3年生のときには、演奏会で「インパクトの部 第一位」にもなった。

中学生のときによく聴いていたCD。洋楽が好きで、英語の勉強にもつながった。

用 語 ※ チューバ⇒金管楽器の中でもっとも大きい楽器。低い音が特徴で、おもに曲の伴奏やリズムをとる。

Q 中学のときの職場体験は、どこに行きましたか?

中学1年生のときに、班に分かれて近所の郵便局へ職場見学に行きました。そこで実際に働くことはなかったのですが、郵便局内の仕事を見させてもらい、局員さんに話を聞きました。

見学の後、クラスにはる壁新聞をつくって、発表したように記憶しています。

Q 職場見学ではどんな印象をもちましたか?

郵便局には手紙や荷物を届ける仕事のほかに、郵便貯金の仕事があります。お金の話をするとき局員さんが、「1円も100万円も、お客さまのお金を預かるということに変わりはありません。1円だからいいや、ではなく、どちらも同じように緊張感と責任感をもって対応しています」と、話していました。

小さなことに見えることでも責任をもち、配慮をおこたらないその姿は、当時の私にとって、とても印象的でかっこよく見えました。

今でも局長さんの言葉を心に留め、仕事は責任感をもって行うことを心がけています。

Q この仕事を目指すなら、今、何をすればいいですか?

自分の好きなものが、どうやってつくられているのかを考えてみてください。例えば、もし自分で洋服を縫ってつくるとしたらすごく大変ですよね。それがわかると、大切に着ようと思うはずです。その気持ちこそが、フェアトレードの仕事をする基本になります。

また、海外の人といっしょに働くので、外国語の勉強も重要です。私は英語のほかに、大学でスペイン語を勉強し、スペイン語が公用語であるメキシコに留学もしました。いろいろな国の言葉に興味をもつとよいですよ。

健康はすべての基本なので、体力づくりも大切です。

人にも環境にも優しいフェアトレードで生産者と日本のみなさんの架け橋になりたい

－ 今できること －

ふだんの暮らし

日本には、海外から輸入して販売されているものがたくさんあります。ふだん使っているものや、食べているものに注目し、どこの国でつくられたものか、まずは生産国について調べてみましょう。その国の文化や生活、言葉、特産品などを知っておくと、将来、商品の企画を考えるときに参考になるでしょう。

また、実際にフェアトレード商品にふれてみましょう。生産者の技術を活かし、環境に配慮してつくられた商品の温かみを、感じとることができるはずです。

社会

フェアトレードを行うためには、生産者が暮らす国について、くわしく知る必要があります。さまざまな国の地理や歴史を学び、人々の生活がどんな産業で成り立っているのかを調べてみましょう。

家庭科

地域の食材を活かした食事の調理や衣服の制作など、自らの手でつくることの大切さと大変さを学びましょう。また、生活に必要なものやサービスの選択において、環境を考えた判断が重要であることを知りましょう。

英語

生産者とのやりとりでは、おもに英語が使われます。相手にとっても母国語でないことがほとんどです。聞く力と話す力を中心に、英語を身につけましょう。

仕事のつながりがわかる

エコの仕事 関連マップ

ここまで紹介したエコの仕事が、
それぞれどう関連しているのか、見てみましょう。

P.16

エシカル商品の企画

環境や社会にとってよい、エシカルな紙を使った名刺やハガキなどの商品を企画する。商品を通して、世の中にエシカルの考え方を広めることも目指す。植物研究の論文を読み、エシカルな紙のつくり方について理解を深めることもある。

再生可能エネルギー発電所

太陽光や風、水などの再生可能エネルギーを利用して発電する。つくられた電気は、契約している電力会社を経由して消費者に販売される。

購入

電気を送る

P.04

再生可能エネルギー電力会社広報

再生可能エネルギーによってつくる電気の利用者を増やすため、メディアやSNSを使って会社の取り組みを広める。また、発電所と協力して発電所見学ツアーなどのイベントを企画することもある。

情報発信

リサイクル商品開発会社

リサイクル工場

企業から送られてきた古着を分別し、着られるものは福祉施設に寄付したり、古着店に送ったりする。着られないものはポリエステルリサイクル工場に送る。

電気を購入

古着を送る

P.28

ポリエステルリサイクル工場

古着を送る

着られなくなった古着から再生ポリエステルをつくる。外部の会社と協力しながら、糸や衣をつくり、衣類を製造する。

依頼

製造

リサイクル商品ブランディング

衣類のリサイクル活動の価値を高めるため、リサイクルに関わる商品やイベントなどを企画する。また、衣類の販売店に古着回収の協力を求めたり、企画した商品を工場に依頼したりもする。

※このページの内容は一例です。会社によって、仕事の分担や、役職名は大きく異なります。

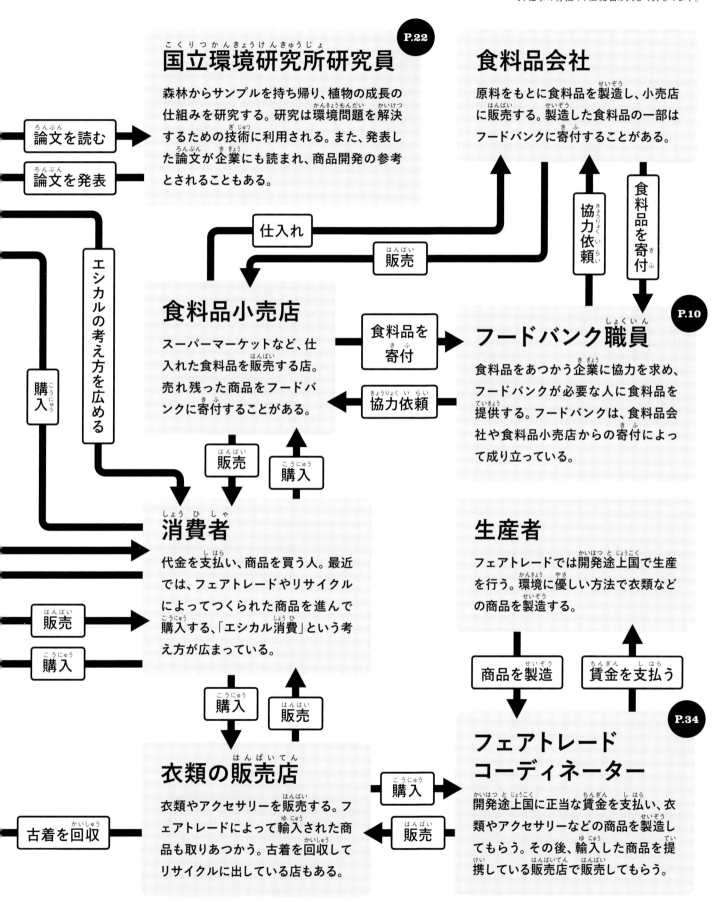

国立環境研究所研究員 P.22

森林からサンプルを持ち帰り、植物の成長の仕組みを研究する。研究は環境問題を解決するための技術に利用される。また、発表した論文が企業にも読まれ、商品開発の参考とされることもある。

食料品会社

原料をもとに食料品を製造し、小売店に販売する。製造した食料品の一部はフードバンクに寄付することがある。

論文を読む

論文を発表

エシカルの考え方を広める

仕入れ

販売

協力依頼

食料品を寄付

食料品小売店

スーパーマーケットなど、仕入れた食料品を販売する店。売れ残った商品をフードバンクに寄付することがある。

食料品を寄付

協力依頼

フードバンク職員 P.10

食料品をあつかう企業に協力を求め、フードバンクが必要な人に食料品を提供する。フードバンクは、食料品会社や食料品小売店からの寄付によって成り立っている。

購入

販売

購入

販売

購入

消費者

代金を支払い、商品を買う人。最近では、フェアトレードやリサイクルによってつくられた商品を進んで購入する、「エシカル消費」という考え方が広まっている。

生産者

フェアトレードでは開発途上国で生産を行う。環境に優しい方法で衣類などの商品を製造する。

商品を製造

賃金を支払う

購入

販売

購入

販売

古着を回収

衣類の販売店

衣類やアクセサリーを販売する。フェアトレードによって輸入された商品も取りあつかう。古着を回収してリサイクルに出している店もある。

フェアトレードコーディネーター P.34

開発途上国に正当な賃金を支払い、衣類やアクセサリーなどの商品を製造してもらう。その後、輸入した商品を提携している販売店で販売してもらう。

SDGsの視点から 新しいビジネスが生まれる

▶ 持続可能な開発目標（SDGs）とは？

最近、「SDGs」という言葉をよく見聞きするようになりました。「SDGs」とは、「Sustainable Development Goals（持続可能な開発目標）」の略称です。これは2015年9月の国連サミットで世界のリーダーたちが決めた、2030年までに達成すべき国際社会共通の17の目標です。

なぜこのような目標が必要なのかというと、現在、人類が直面しているさまざまな課題を解決しないと、この世界で安定して暮らし続けることができないのではないかという危機感が生まれているからです。17の目標には貧困や飢餓、健康、教育、エネルギー、働きがいや経済成長、気候変動、環境など、21世紀の世界がかかえるさまざまな課題があげられています。

そして今、世界規模で、政府、企業、学校、個人など、それぞれの立場で、持続可能な社会をつくるためにSDGsを意識して行動することが求められています。

▶ ストローから世界が変わる

「SDGsは自分とは関係がない」と思う人もいるかもしれませんが、そんなことはありません。例えば、プラスチック製のストロー。世界中で毎日、たくさんのストローが使われていますが、きちんと処理されずに捨てられ、最終的に海に流れこむものが多いのです。ストロー以外にも海に流れこんだプラスチックごみは、こなごなになり、「マイクロプラスチック」と呼ばれるごく小さなかけらとなり、魚や海の生物の体内に入って、生態系に影響をあたえる可能性があるといわれています。

2015年、南米コスタリカでウミガメの調査をしていた研究グループが、鼻にストローが刺さったウミガメを見つけ、そのストローをぬく痛々しい動画が話題になりました。その後、プラスチック製ストローは問題視され、世界中に店舗があるスターバックスとマクドナルドが使用をやめると宣言し、ほかの企業も続きました。

SDGs17の目標

SDGs	1 貧困をなくそう	2 飢餓をゼロに	3 すべての人に健康と福祉を	4 質の高い教育をみんなに	5 ジェンダー平等を実現しよう	6 安全な水とトイレを世界中に	7 エネルギーをみんなにそしてクリーンに	8 働きがいも経済成長も
9 産業と技術革新の基盤をつくろう	10 人や国の不平等をなくそう	11 住み続けられるまちづくりを	12 つくる責任つかう責任	13 気候変動に具体的な対策を	14 海の豊かさを守ろう	15 陸の豊かさも守ろう	16 平和と公正をすべての人に	17 パートナーシップで目標を達成しよう

SDGsは、左の17の項目に加え、それぞれに5〜10の具体的目標（ターゲット）がある。合計で、169の「持続可能な開発目標」が定められていて、各国は、2030年までに達成することを目指している。

2018年、第24回国連気候変動枠組み条約締約国会議(COP24)で、スウェーデンのグレタ・トゥーンベリさん(当時15歳)が、演説を行った。世界約60か国の首脳や閣僚を前に「あなた方は、自分の子どもたちを何よりも愛していると言いながら、その目の前で、子どもたちの未来をうばっている」と批判し、話題となった。このことは世界に大きな影響をあたえ、環境問題がそれまで以上に注目されるきっかけとなっていった。

Photo by Beata Zawrzel/NurPhoto via Getty Images

それにより、注目されたのは紙のストローです。紙のストローはプラスチック製よりもつくるための費用が多くかかる上に、プラスチックほど丈夫ではありません。それでも紙のストローを選択するのは、企業がSDGsを意識しているかどうかを世界中の消費者が注目しはじめたからです。紙はプラスチックに代わる素材として、大きな期待を集めています。ほかにも竹製ストローや、食べられるストローなど、環境に優しいストローの開発が盛んになりました。SDGsによって新しいビジネスが生み出されているのです。

● 課題は身近なところにある

SDGsは国や企業だけが意識すべき目標ではなく、私たちひとりひとりの身近な問題でもあります。

私が中学校の教頭をしていたとき、その学校では、毎年、体育大会で派手な応援合戦が行われ、それが伝統になっていました。各クラスが工夫して、段ボールで看板をつくったり、ペットボトルに色をぬったり、すずらんテープを使ってポンポンをつくったりして、はなやかに盛り上げていました。しかし、応援合戦が終わると、運動場にはごみの山です。

それを見かねたある先生が職員会議で「ごみをなくそうという教育を行っているのに、わずか15分間の応援合戦で大量のごみを出して、これで本当によいのでしょうか?」と問題提起をしたのです。それを受けて職員会議で議論した結果、次の年からは道具は使わず、声と動きだけで応援することにしました。応援合戦はシンプルなものになりましたが、中学生が道具に頼らずに体を使って表現する姿が好評でした。ごみを大はばに減らすことができただけでなく、環境に配慮した新たな伝統をつくりだすことができました。

中学生にもできることはたくさんあります。まわりをよく見ると「やめるべきこと」が見つかるかもしれません。大事なのはひとりひとりがSDGsの意識をもって生活していくことです。そして、持続可能な開発に取り組んでいる企業や、自治体の取り組みにも、ぜひ注目してください。

PROFILE
玉置 崇 (たまおき たかし)

岐阜聖徳学園大学教育学部教授。
愛知県小牧市の小学校を皮切りに、愛知教育大学附属名古屋中学校や小牧市立小牧中学校管理職、愛知県教育委員会海部教育事務所所長、小牧中学校校長などを経て、2015年4月から現職。数学の授業名人として知られる一方、ICT活用の分野でも手腕を発揮し、小牧市の情報環境を整備するとともに、教育システムの開発にも関わる。
文部科学省「校務におけるICT活用促進事業」事業検討委員会座長をつとめる。

構成 林孝美

さくいん

【取材協力】

株式会社UPDATER　https://minden.co.jp/
認定特定非営利活動法人セカンドハーベスト・ジャパン　http://2hj.org/
株式会社山櫻　https://www.yamazakura.co.jp/
国立研究開発法人国立環境研究所　https://www.nies.go.jp/
日本環境設計株式会社　https://www.jeplan.co.jp/
ピープルツリー/フェアトレードカンパニー株式会社　https://www.peopletree.co.jp/

【写真協力】

みんな電力株式会社　p6
認定特定非営利活動法人セカンドハーベスト・ジャパン　p12
日本環境設計株式会社　p29
ピープルツリー/フェアトレードカンパニー株式会社　p37
Getty Images　p43

【解説】

玉置 崇（岐阜聖徳学園大学教育学部教授）　p42-43

【装丁・本文デザイン】

アートディレクション／尾原史和
デザイン／石田弓恵・加藤 玲

【撮影】

平井伸造

【執筆】

小川こころ　p10-15、p16-21、p28-33
高橋秀和　p4-9、p22-27
石川実恵子　p34-39

【企画・編集】

西塔香絵・渡部のり子（小峰書店）
常松心平・和田全代・一柳麻衣子・中根美美・三守浩平（オフィス303）

キャリア教育に活きる！

仕事ファイル21
エコの仕事

2020年 4 月 7 日　第 1 刷発行
2022年 2 月20日　第 2 刷発行

編　著　小峰書店編集部
発行者　小峰広一郎
発行所　株式会社小峰書店
　　　　〒162-0066東京都新宿区市谷台町4-15
　　　　TEL 03-3357-3521　FAX 03-3357-1027
　　　　https://www.komineshoten.co.jp/
印　刷　株式会社精興社
製　本　株式会社松岳社

©Komineshoten
2020　Printed in Japan
NDC 366　44p　29×23cm
ISBN978-4-338-33301-6